W0227207

Ilma Rakusa

Gedankenspiele über die

Eleganz

Literaturverlag Droschl

Einführung

Ein veraltetes Wort, höre ich von allen Seiten, wer spricht heute noch von Eleganz? Mag sein, dass wir tatsächlich andere Sorgen haben. Klimawandel, Migration und Covid-19 beschäftigen uns mehr, als uns lieb ist.

Und doch gibt es keinen Grund, sich rauere Umgangsformen anzugewöhnen, geschweige denn Ängste und Frustrationen in Aggression umschlagen zu lassen. Wut und Gewalt lösen keine Probleme, sie werden selbst zum Problem. Gefragt ist dagegen der Dialog, das Erwägen und Abwägen von Argumenten. Zudem Klarheit und Contenance. Und schon nähern wir uns dem Begriff, der uns hier interessiert. Denn Eleganz ist weit mehr als modisch-geschmackvolles Gekleidetsein. Sie meint ebenso Gewandtheit, Manieren, Respekt vor sich selbst und anderen. Im lateinischen »elegans« steckt das Verb »eligere«, auswählen. »Elegantia« bedeutet Gewähltheit, was Feinheit und Anstand impliziert. Diese sind für jedes Zusammenleben unverzichtbar. Ehrlicherweise schulden wir sie aber auch uns selbst.

Gerade Härtezeiten wie der coronabedingte Lockdown haben gezeigt, dass sich Gehenlassen keine gute Option ist. Der Andere bleibt ein Adressat, der uns nicht gleichgültig werden darf. Aber auch wenn wir uns allein fühlen, tut es uns besser, Tagesabläufe einzuhalten, die Wohnung und uns selbst herauszuputzen. Schönheit stärkt, Harmonie beruhigt. Disziplin tut das Ihre.

Eleganz hat nichts mit Luxus zu tun, wie oft irrtümlich angenommen wird. Ob Kleidung oder Einrichtung – nicht der Preis entscheidet, sondern die richtige Auswahl und das Vermögen, geschickt und stilvoll zu kombinieren. Dabei spielt Einfachheit eine wichtige

Rolle. Je forcierter der Aufwand, desto größer die Kitschgefahr. Doch folgen wir heutzutage keinen Brevieren der Eleganz wie dem von Geneviève Antoine Dariaux[1]. Es ist weitgehend dem Einzelnen überlassen, seinen Weg zu finden. Dass Eleganz nicht demokratisierbar sei, halte ich noch nicht für einen Grund, sie abzuschreiben, wie Georg Franck dies in seinem »Abgesang«[2] versucht. Im Gegenteil bin ich der Auffassung, dass wir sie brauchen: nicht als (verbindlichen) Code, sondern als Haltung und Instrument der Achtung. Takt, Höflichkeit, Anstand gehören unbedingt zu ihrem Repertoire. In einer Zeit, wo um Aufmerksamkeit und Quoten gerungen wird, mitunter mit harten Bandagen, setzt Eleganz auf subtilere Erscheinungs- und Umgangsformen. Ja, Nuancen zählen durchaus, auch Geschmeidigkeit, Grazie und Natürlichkeit. Wobei kunstvolle Verfremdung nicht fehlen darf. Eleganz ist nicht einfach gegeben, sondern ein erarbeitetes Produkt. Das betrifft eine elegante Rede ebenso wie ein elegantes Klavierspiel oder eleganten Tanz. In seiner Abhandlung

»Über das Marionettentheater« spricht Kleist vom Wiedergewinn der natürlichen Grazie. Tatsächlich haftet der Eleganz immer etwas Gebrochenes, schwer Ergründbares an. Was offensichtlich scheint, ist es nicht.

Schlecht verträgt sie sich darum mit dem Authentizitätskult, wie er heute von der Identitätspolitik betrieben wird. Eleganz setzt Distanz zu sich voraus. Sie hält es oftmals mit Maskerade und Ironie, als Minimum verlangt sie den kunstvollen Eingriff. Dies aber stimuliert und kultiviert.

Nichts wäre in meinen Augen falscher, als sie als elitär zu brandmarken. Mag sie auch nicht »mehrheitstauglich« sein, so verfügt sie doch über das Potenzial, viel zu bewirken – im Sozialen und Kulturellen. Man denke an die Bewegung der »Sapeurs« im Kongo, die seit den 1960er Jahren existiert.[3] Männer aus ärmlichen Milieus sparen ihr Geld über Jahre, um sich elegante Anzüge und Accessoires zu kaufen, in denen sie sich der lokalen Bevölkerung in Slums von Brazzaville oder Kinshasa vorführen. Sie werden wie Idole bewundert, weil die aparte Schönheit ihrer Kleidung und die Eleganz ihrer dandyhaften Bewegungen von der Hässlichkeit, Armut und Brutalität der Umgebung ablenken. Die Subkultur der Sapeurs – eine Abkürzung für »Société des Ambianceurs et des Personnes Elégantes« (Gesellschaft für Stimmungsmacher und elegante Personen) – ist somit ebenso Widerstand gegen die Alltagstristesse wie Ausdruck von Freiheit und Individualität, mag sie auch gewisse irrationale Züge annehmen. Neuerdings schließen sich ihr auch Frauen und Mädchen an, um sich auf kreative Art der Fremdbestimmung zu widersetzen.

Ja, Eleganz kann zum Ideal werden, umso mehr, als es keine einfachen Regeln gibt, wie sie zu erlangen ist. Eine Spur geheimnisumwittert bleibt sie immer.

Dass im Moment Eigentümer von Luxuslabels über die Bücher gehen, teure Modegeschäfte in New York und anderswo schließen, namhafte Modedesigner wie Marc Jacobs Sweatshirts und Sweatpants statt Haute Couture produzieren, bedeutet einen Umbruch im Luxussegment, nicht aber das Ende der Eleganz. Diese ist zählebiger und flexibler, als wir denken – und weit mehr als eine Kleiderfrage. Wer sich trotzdem scheut, das angeblich veraltete Wort in den Mund zu nehmen, verlege sich auf die Praxis. Möglichkeiten gibt es viele – und sie sind dringend erwünscht.

Leichtigkeit

Eleganz verlangt um jeden Preis, dass man ihr keine Anstrengung ansieht. Alles Schwülstige, Forcierte, Übertriebene ist ihr fremd. Wer sich aufdonnert, verrät mauvais goût, wer sich allzu geziert benimmt, ebenfalls. Maß und Ausgewogenheit sind wichtig, eine Lässigkeit, die den betriebenen Aufwand leicht und mühelos erscheinen lässt. Die Formel ist nicht neu: der Renaissanceschriftsteller, Diplomat und Höfling Baldassare Castiglione propagierte sie in seinem »Libro del Cortegiano« (1528) als Verhaltensideal des Höflings. Dabei benutzte er den Ausdruck »sprezzatura«. Es geht um die Kunst, das Kunstvolle möglichst so zu verbergen, dass es natürlich und ungezwungen wirkt. Wer heute von »sprezzatura« spricht, meint lässige

Eleganz – in Kleidung und Umgangsformen. Ob Italiener diese Kunst besser beherrschen als Franzosen oder Engländer mit ihrer sinnverwandten »coolness«, bleibe dahingestellt. Wie jede Kunst lässt sie sich ein Stück weit erlernen. Nur darf man keine Mühe scheuen, um den Anschein der Mühelosigkeit zu erreichen.

Immer wieder erinnere ich mich an die große Klaviervirtuosin Clara Haskil, wie elegant sie Mozart spielte, trotz körperlicher Behinderung. Nie habe ich Mozart – den Inbegriff tiefgründiger Leichtigkeit – perlender und kristallklarer erlebt als durch Haskils Hände. Kein Anflug von Anstrengung war zu spüren, als erklinge die Musik von selbst, rein und reibungslos. Doch dahinter stand harte Arbeit, standen Lampenfieber und physische Schmerzen.

Ob Musik, Tanz oder Sport: die meisterliche, elegante Leistung verdankt sich jenem Training, das ihr nicht mehr anzumerken ist. Und einem Talent, das Handwerk in Leichtigkeit umwandelt.

Das sagt sich so, wobei es uns oft schon schwerfällt, im Alltag einen leichten Gang hinzukriegen. Ohne leichten Gang keine Eleganz, predigte meine Mutter, und forderte mich auf, mich gerade zu halten und keine Riesenschritte zu machen. Ich verstand, was sie meinte, gab ihr insgeheim recht, hielt mich aber trotzdem nicht immer an ihre Ratschläge. Zu diesen gehörte auch, dass eine gesittet-elegante Frau nicht breitbeinig dasitzt, beim Essen nicht den Finger als Zahnstocher benutzt oder sich die Haare kämmt. Aber am meisten Wert legte sie, eine glänzende Tänzerin, auf Leichtfüßigkeit. Eine solche bewundere ich, wenn ich Frauen in hohen Absätzen über eisbedeckte Gehsteige tänzeln sehe – anmutig, elegant, mit oder ohne Pelzmantel. Ob dies sinnvoll oder gar gesund ist, steht freilich auf einem andern Blatt. Nur fragt Eleganz nicht unbedingt nach Zweckdienlichkeit und Bequemlichkeit. Meist setzt sie einen Kontrapunkt oder hebelt sie aus. Als schöner Schein ist sie ein wesentliches Element menschlicher Ausdrucksfähigkeit, gerade weil sie Alltägliches spielerisch hinter sich lässt.

Spiel, Schönheit, Verwandlung – sie sind unverzichtbar. Und unverzichtbar ist die Kunst. Die (wie schon angedeutet) Handwerk ist und zugleich mehr. Das betrifft auch die Literatur und ihr subtilstes Genre, die Poesie. Als Beispiel für ein Gedicht, das Leichtigkeit, Eleganz und Tiefsinn aufs Schönste verbindet, möchte ich Goethes »Ein Gleiches« nennen:

Über allen Gipfeln
Ist Ruh,
In allen Wipfeln
Spürest du
Kaum einen Hauch;
Die Vögelein schweigen im Walde.
Warte nur, balde
Ruhest du auch.

Ein Gedicht wie ein Hauch, doch dieses Luftig-Leichte prägt sich für immer ein. Wie entsteht dieser Eindruck? Goethe operiert mit wenigen Worten, die er lautmalerisch – durch Assonanzen und Reime – aufeinander bezieht. Wobei er die Reime variiert (Kreuzreime und umarmende Reime, weibliche und männliche Reime) und viermal einen Zeilensprung vornimmt. Dadurch bekommt das Gedicht einen natürlichen, fluktuierenden Rhythmus, wirkt beweglich und leicht. Kein metrisches Korsett, keine klappernden Endreime, stattdessen ein ruhiger Atem und eine zauberhafte Musikalität. Und noch etwas zeigt dieses kleine Meisterwerk: die Faszination kunstvoller Einfachheit. Eine weitere Formel für Eleganz.

Einfachheit

Konzentrieren wir uns zunächst auf die Mode. Das »kleine Schwarze«, das – gut geschnitten, gut getragen – immer für Eleganz taugt, vor allem wenn Schuhe, Handschuhe und Tasche das Ihre beitragen. Schmuck? Nach meinem Dafürhalten: wenig. Entweder Halskette oder Ohrringe oder Armband, auf keinen Fall alle drei. Understatement bringt mehr als das Gegenteil.

Hiermit oute ich mich als Reduktionistin, andere mögen es anders sehen. Mit Üppigkeit umzugehen, ist schwieriger, mit wilden Schnitten, grellen Farbkombinationen, punkigen Stoffen. Auch mir gefallen »Regelverstöße«, aber diskrete. Weshalb ich japanische Designer wie Rei Kawakubo (»Comme des

Garçons«) und Yōhji Yamamoto bewundere. Sie lieben Asymmetrien, sichtbare Nähte,
subtile Extravaganzen, die im Vollkommenen
das Unvollkommene aufscheinen lassen. Ein
Schönheits- und Eleganz-Begriff, der sich an
der Zen-Philosophie des Wabi-Sabi orientiert.

Übrigens wird diese Denkart in Japan auch
auf andere Bereiche wie Design und Woh-
nen angewandt. Schön ist eine Keramik-Tee-
schale, wenn sie leicht asymmetrisch ist und
unregelmäßige Ränder aufweist. Glätte wi-
derspricht dem Schönheitsideal. Auch der
klassische japanische Einrichtungsstil basiert
auf Einfachheit und asymmetrischen Akzen-
ten. Schiebewände, verstaubare Futons, weni-
ge Möbel, auf einem ein Blumenarrangement,
das den ganzen Raum bestimmt. Durch diesen eleganten, behutsam inszenierten Minimalismus folgt das Auge Licht und Schatten,
nimmt jedes Detail wahr, statt sich in einer
Fülle von Gegenständen zu verlieren. Leere
wird dabei zu einem Sinnträger und ästheti-
schen Faktum.

Der berühmte japanische Architekt Tadao Andō schreibt: »Wabi-Sabi-Interieurs sind meist gedämpft, spärlich beleuchtet und schattenreich – was den Räumen eine einhüllende und uterusartige Anmutung gibt. Natürliche Materialien, die verwittern, sich verwerfen, schrumpfen, springen und abblättern, verbreiten eine Atmosphäre der Vergänglichkeit. Die Palette reicht von Braun-, Schwarz- und Grautönen bis zu erdigem Grün und Rost. Das bedeutet eine Beschränkung der Freiheit, verschafft aber tatsächlich eine Gelegenheit für Innovation und Kreativität. In Japan sind Kimonos in hundert verschiedenen Grauschattierungen erhältlich. Man muss einfach sein Sehvermögen verfeinern, damit man sie alle sehen und ein Gespür für ihre Unterschiede entwickeln kann.«[4]

Einfachheit und Einschränkung als Voraussetzung für Nuancenreichtum gilt auch für japanische Teezeremonien und Essgewohnheiten, bis hin zu den tragbaren Bentō-Boxes, die Mahlzeiten in vollendeter ästhetischer Präsentation darbieten. Die Kästchen sind meist aus Holz, oft aufwendig lackiert und innen in mehrere Fächer aufgeteilt. Natürlich setzt man sich, um die verschiedenen Speisen mit Stäbchen dezent zu konsumieren. Pure Eleganz, vergleicht man solche Essenssitten mit westlicher »Takeaway-Food«-Mentalität.

Auch auf dem Gebiet der Literatur hat Japan kunstvoll einfache Genres hevorgebracht: das dreizeilige Haiku und das fünfzeilige Tanka. Beide Gedichtformen sind kurz und reglementiert, aber gerade dadurch nuancen- und überraschungsreich.

Zerknicktes Schilfgras
Und dort vom blanken Weißfisch
Das schwache Graugrün
(Saimaro)[5]

Oder dieses Tanka einer unbekannten Dichterin aus der altjapanischen Lyriksammlung Manyōshū:

Das scharlachrote,
So tief gefärbte Kleid, du,
Ich trag es drunter –
Denn trüge ich es oben,
Gäb das nicht nur Gerede?[6]

Das ist elegante Diskretion, anspielungsreich und witzig. Verbergen als heimliche Verführungstaktik gehört nicht nur im Land der Kimonos (mit ihren Unterröcken) zum erotischen Understatement. Ein weiteres Lockmittel wäre die Verkleidung oder Maskerade.

Einfachheit operiert mit beschränkten Mitteln, tut dies aber kunstvoll. So spricht man von eleganten mathematischen Lösungen, wenn sie ökonomisch und ästhetisch gelungen sind, oder von einer eleganten Rhetorik, wenn sie klar, korrekt und ohne überflüssigen Redeschmuck ist. Schon Cicero sang ihr in »De oratore« ein Loblied, wobei er sie für Teil eines angemessenen und ehrenvollen Lebensstils hielt.[7] Wie immer wir Eleganz definieren, sie umfasst mehr als Kleidung, Einrichtung, Rede oder Schreibverfahren, sie ist Geisteshaltung und eine Art des Benehmens, der Lebensführung. Somit komplex und nicht auf Anhieb zu haben.

Geschmack

Geschmack zu haben, gilt als Tugend. Nur: wer bestimmt, was guter Geschmack ist? Hier scheiden sich die Geister, und in der Tat fällt es schwer, objektive Kriterien festzulegen. Schnell kommt der Einwand, Geschmack werde von sozial und kulturell gehobenen Schichten zum Distinktionsmerkmal gemacht, um sich von den »anderen« abzugrenzen, ja diese zu diskriminieren.

Doch leben wir, was Geschmacksdinge betrifft, längst in einer Epoche des »anything goes«. Das machen auch sogenannte Stars und Influencer vor: Sportkleidung, Turnschuhe, es kann nicht lässig genug sein. Ob solche Outfits mit Eleganz oder eher mit Trends zu tun haben, bleibe dahingestellt. Tatsache ist, dass dem Einzelnen heute viel Spielraum zur Verfügung steht. Will er ihn geschmackvoll-intelligent nutzen, braucht es nur etwas Mut, Selbstbewusstsein und Sensibilität. Fügen wir hinzu: etwas Geschick und Gewandtheit.

Meine Devise war immer: kaufe ein gutes Teil, dieses wertet dann alles Übrige auf. Sei es Pullover, Rock, Jacke, Gürtel oder Schuh. Bei diesem bestimmten Teil zählen Qualität, Farbe und Schnitt. Das hat sich insofern bewährt, als ich einige Stücke noch nach Jahren, ja Jahrzehnten trage. Der Wollstoff hält sich, das Schuhleder ebenfalls, der Schnitt hat sich als zeitlos erwiesen.

Niemand schreibt uns vor, saisonalen Moden zu folgen, auch wenn das rasche Konsumieren und ebenso rasche Entsorgen von Kleidern, etwa bedingt durch das Online-Shopping, stetig zugenommen haben. In Sachen Eleganz gilt: »auswählen«, wie das lateinische Wort »eligere« besagt. Hier kommt der persönliche Geschmack ins Spiel. Man sollte sich trauen, nicht Trends nachzujagen, sondern eigene Akzente zu setzen: was steht mir, wie fühle ich mich in diesem oder jenem Kleid, wie wirke ich darin? Meine Präferenz für dezente Apartheit, für Farben zwischen dunkelblau, dunkelgrau, dunkelbraun und schwarz, unterstreicht meinen Wunsch nach unaufdringlicher Eleganz. Wer genau hinschaut, wird die Nuancen entdecken. Für die anderen bleibe ich »im Dunklen«. Diese anderen mögen es vielleicht bunt, barock und augenfällig. Auch dies schließt Eleganz nicht aus.

Ich plädiere entschieden für Subjektivität und gegen Modediktate welcher Art auch immer. »Mode ist vergänglich, Stil niemals«, meinte Coco Chanel. Wobei es manchmal schwieriger ist, eigene Wege zu gehen. Schwieriger, aber auch lustvoller und kreativer. Mit jedem Entscheidungsprozess festigt man ein Bild von sich, das man nach außen vermitteln möchte. Kleidung ist sichtbarer Ausdruck persönlicher Vorlieben und Verfasstheiten – und sie trägt zu unserer Ausstrahlung bei.

Doch zurück zum Geschmack. Ist er von Erfahrungswerten, Präferenzen und dem Geldbeutel geleitet – oder von Vorbildern (in Kunst, Literatur und Film)? Wahrscheinlich von mehreren Faktoren gleichzeitig. Wobei traditionelle »Richtlinien« heute kaum noch eine Rolle spielen. ABCs der Eleganz – wie Geneviève Antoine Dariaux' »Brevier für die Dame« – wirken ziemlich antiquiert. Will ich mir ernsthaft sagen lassen, welche Schuhe zu welchen Gürteln passen, wie lang der Rock sein darf, wie tief der Ausschnitt? Was Stolen und Schärpen bezwecken, wodurch sich Samt vom Schottenstoff unterscheidet? Oder worin eine Ideal-Garderobe besteht? Hier erteilt eine zweifelsfreie Kennerin der Materie praktische Ratschläge – nicht nur weiß sie, was in der ersten Hälfte des 20. Jahrhunderts die Comme il faut's waren, sie weiß auch aus eigener Erfahrung, dass Eleganz »das Ergebnis einer Kunst« ist. Daran bleibt nicht zu rütteln, doch sind wir seither in Geschmacksdingen weit demokratischer, liberaler und freizügiger geworden. Mit dem Resultat, dass uns mehr Eigenverantwortung zukommt. Diese nutzen wir nicht immer mit Geschick. Manchmal scheint es, als steuerten wir auf einen Zustand der Verarmung hin, weil innere Werte zu wenig nach außen getragen werden. »Kleidung ist keine Oberfläche, wie man hierzulande denkt«, schreibt mir Autorin Barbara Bongartz in einer Mail. »Man kann sich das nicht ›sparen‹, ohne einen Verlust an Leib und Seele zu erleiden. Was ein Mensch trägt, bestimmt seine Bewegung, man läuft in weiten Hosen anders als in knallengen, auf hohen Absätzen anders als in Sneakers usw., und ich denke, dass sich Stoffe, die man trägt, in die Haut einfräsen ähnlich wie Tattoos. Eleganz ist ein ephemeres Gesamtbild in Bewegung, und unsere Ausstrahlung, die dadurch entsteht oder nicht entsteht, ist reziprok.«

Barbara Bongartz gehört zu den elegantesten Personen, die ich kenne, auch zu den uneitelsten. Als leidenschaftliche Radfahrerin und Gärtnerin bringt sie es fertig, in jeder Situation elegant zu sein. Wie sie das schafft, ist ihr Geheimnis. Im Übrigen gehört auch diese Vokabel auf »G« – neben Geschick und Gewandtheit – zur Definition des komplizierten Geschmacks.

Und da ist der österreichische Schriftsteller Bodo Hell, dessen rustikale Eleganz ich seit eh und je bewundere. Unbeirrt von Moden kreiert er seine eigenen Outfits, die dem Radius seines Lebens – zwischen Wien und Dachstein, zwischen Urbanität und Alm, zwischen Literatur und Viehzucht – entsprechen: Anzüge aus einem soliden Filzstoff, helles oder dunkelgraues Hemd, Hosenträger, robuste Schuhe, Wollmütze, Rucksack. Eine perfekte, ganz auf B.H. abgestimmte Kleidung, stilvoll in allen Lagen. Die Anzüge lässt er speziell anfertigen, so gibt es sie nirgends zu kaufen. Mit mehreren Brusttaschen (für Notizblöcke, Bleistifte und die obligate Maultrommel), mit guten Knöpfen, die nicht von fern an die Hornknöpfe volkstümelnder Trachtenanzüge erinnern. Mit letzteren kann Hell nichts anfangen. Sein Stil (Weg) ist eigen und unverwechselbar. »Authentic Avantgarde«, fällt mir dazu ein. Und ein verschmitztes Lächeln.

Anmut

Ohne sie ist Eleganz kaum zu haben. Doch wer spricht noch von ihr? Als haftete auch diesem Wort etwas Unzeitgemäßes an. Klingt Grazie besser? Nicht unbedingt. Anmut ist zart, leicht, beinhaltet Liebreiz und diskreten Charme – und einen Stil, der nicht protzt, sondern stille Schönheit verkörpert. Anmutig können Bewegungen sein, Gesten, Blicke, Verhaltensweisen, wobei sie von innen gesteuert werden.

Müsste ich eine Person nennen, die Anmut – und Eleganz – perfekt verkörpert, wäre es Audrey Hepburn. Schon als junges Mädchen schwärmte ich für sie und trug mich nach dem Film »Geschichte einer Nonne« ernsthaft mit dem Gedanken, ins Kloster zu gehen. Audreys

Charme war unwiderstehlich, ob sie eine Artistin, ein Callgirl oder eine Nonne spielte. Mit ihren langen Beinen, ihrem Schwanenhals, ihren Rehaugen, ihrer Wespentaille und der zierlichen Silhouette verströmte sie Jugendlichkeit und Unschuld. Ihr eigentlicher Liebreiz aber lag in den Bewegungen und im Lächeln. Man schaut, man kann sich nicht sattsehen.

Dabei hatte sie kein einfaches Leben. Früh verließ der Vater die Familie, während des Zweiten Weltkriegs in Holland setzten ihr Hunger und Unterernährung so zu, dass sie auf eine Karriere als Ballerina verzichten musste. Sie wurde Schauspielerin, spielte in Theatern, Musicals, Filmen und brachte es mit Fleiß, Disziplin und ihrer natürlichen Ausstrahlung zu großem Erfolg. Nebenbei war sie auch Model für Givenchy. Was immer er für sie entwarf – Kleider, Kostüme, Röcke, Mäntel, Hüte –, es passte ihr wie angegossen. Später engagierte sie sich für humanitäre Zwecke, war Sonderbotschafterin für die UNICEF, bereiste die ärmsten Länder der Welt, ohne ihr Lächeln aufzugeben und elegant auch in Hose und Pullover.

Von Eduard Mörike stammt der vielzitierte Satz: »Was aber schön ist, selig scheint es in ihm selbst«. Er verweist auf die ebenso einfache wie komplexe Evidenz der Schönheit. Im Übrigen verstand Mörike auch einiges von Anmut. Sein Gedicht »Inschrift auf eine Uhr mit den drei Horen« benennt sie nicht nur, sondern bringt sie spürbar zur Sprache:

Am langsamsten von allen Göttern wandeln wir,
Mit Blätterkronen schön geschmückte, schweigsame.
Doch wer uns ehrt und wem wir selber günstig sind,
Weil er die Anmut liebet und das heilge Maß,
Vor dessen Augen schweben wir im leichten Tanz
Und machen mannigfaltig ihm den langen Tag.[8]

Anmut, Maß und leichter Tanz sind hier verschwistert. Keine Frage, dass Heftigkeit und Hektik sich weder mit Anmut noch mit Eleganz vertragen. Nichts Brüskes, bitte, vielmehr fließende Bewegungen, die schwebend wirken. Eine eilige, gestresste Gesellschaft wird sich mit Anmut und Eleganz immer schwertun. (Ich spreche nicht vom aerodynamischen Design mancher Hochgeschwindigkeitszüge, Autos, Brücken und futuristischen Wolkenkratzer, die Schwerelosigkeit suggerieren.)

Natürlichkeit

Es mag paradox klingen, doch Eleganz meint eine artifizielle Natürlichkeit. Was nach Ungezwungenheit aussieht, ist in Wirklichkeit gestylt. Das Täuschungsmanöver gibt sich so subtil, dass es kaum bemerkt wird. Zum Beispiel benutzt man einen dezenten Lippenstift, der der natürlichen Farbe der Lippen nur einen Schimmer verleiht. Aber dieser Schimmer macht den Unterschied.

Es sind minimale Eingriffe, Verfremdungen, die einen Mehrwert produzieren. Auch im Verhalten gilt es, natürliche Impulse so zu kanalisieren, dass sie gesellschaftskompatibel werden. Anstand, Höflichkeit, Manieren sind unabdingbar für Eleganz, doch wo sie übertrieben werden, wirken sie kontraproduktiv und steif. Die Kunst liegt in einer ausgewogenen Balance zwischen Sein und Schein, Natürlichkeit und künstlicher Inszenierung. Wenn diese gelingt, wird Eleganz zur Evidenz.

Mir fällt der Hut von Imre Kertész ein. Immer trug er gute Mäntel, dazu einen eleganten Hut. Er wollte nicht auffallen, nur seine Würde beweisen. In erster Linie sich selbst. Als Halbwüchsiger hatte er die KZs von Auschwitz und Buchenwald erlebt. Als Überlebender dieses Horrors – und später der kommunistischen Diktatur in Ungarn – sah er seine Rettung im Schreiben und einen gewissen Trost in Dingen, die er seiner Selbstachtung schuldete. Ein eleganter Hut bedeutete Selbstachtung – und war zugleich Schutz gegen die Hässlichkeit und Brutalität der Welt. »Sich selbst zu lieben«, so Ferdinand von Schirach, »das ist zu viel verlangt. Aber die Form ist zu wahren, es ist unser letzter Halt.«[9]

Ein beherzigenswerter Satz in einer Zeit, die zu Hysterie, Panik und apokalyptischen

Visionen neigt. Contenance täte not, etwas mehr Distanz zu sich und den Ereignissen. Schnellschüsse in den sozialen Netzwerken, mögen sie noch so sehr auf Authentizität und Emotionalität pochen, erzeugen nur noch mehr Hysterie, statt Klärung zu bringen. Es herrscht ein krasser Mangel an Formbewusstsein – in Sprache und Umgang. Auch hinter der Formel »Ich bin, der/die ich bin« steckt in Wahrheit eine Menge Arbeit, und adressiere ich mich an andere, bin ich eine Person, die Rollen spielt. Das lateinische »persona« bedeutet Maske bzw. Rolle eines Schauspielers. Natürlichkeit oder das heutige Modewort Authentizität sind unter diesem Aspekt zu hinterfragen und zu relativieren.

Interessant ist ein Blick auf die europäische Theatergeschichte: in der Antike traten nur männliche Schauspieler auf, und sie trugen Masken. Auch zur Shakespeare-Zeit blieb es Männern vorbehalten, sämtliche Rollen, einschließlich der weiblichen, zu verkörpern. Nicht anders im klassischen japanischen The-

ater – Nō und Kabuki –, das sich bis heute großer Beliebtheit erfreut. Im Nō-Theater werden Masken getragen, im Kabuki nicht, doch
spielen nur Männer. Ich habe selber erlebt,
mit welchem Raffinement ein Kabuki-Schau-
spieler eine junge Frau darstellte: anmutig in
Mimik und Gestik, mit falsettierender Stim-
me. Eine verblüffende Anverwandlung, die
bewies, dass gespielte Natürlichkeit eine po-
tenzierte ist. Und Zeichen hoher Kunst.

Eleganz ist auf solches Spiel angewiesen. Und
sie braucht eine Bühne. Im Dachsbau der eigenen vier Wände, im Kokon narzisstischer
Selbstbespiegelung hat sie nichts verloren.
Auch die Selfie-Manie ist ihr fremd. Weil das
Ich hier zu offensichtlich ausgestellt wird,
ohne jenen Abstand, der Anstand mitmeint.

Um Missverständnisse auszuräumen: das
elegante Spiel mit der Natürlichkeit bedeutet mitnichten Selbstoptimierung im Sinne
kosmetischer Eingriffe in den Körper. Eleganz will nicht einen chirurgischen Umbau

unserer natürlichen Beschaffenheit, vielmehr kaschiert sie das vegetative Leben und die Hinfälligkeit des Körpers. Scheinbar zwanglos zielt sie auf den schönen Schein. Dieser ist allerdings nicht umsonst zu haben, sondern bedarf der Übung.

Zusammenspiel

Übung, Arbeit, Kunst: Eleganz ist nicht naturgegeben, sondern will gelernt sein. Aus dem Zusammenspiel von Einfachheit, Leichtigkeit, Anmut, Geschmack, Natürlichkeit ergibt sich – mit Fleiß, Talent und Glück – äußere und innere Eleganz. Die eine ohne die andere zählt nicht. Geht es doch nicht nur darum, schnittiger als der Nachbar zu sein, sondern um eine Verhaltensweise, die Würde und Respekt (gegenüber dem anderen) impliziert. Eleganz in diesem doppelten Sinn scheint heute nicht (mehr) selbstverständlich zu sein, es fehlen soziale und kulturelle Übereinkünfte, die ihr einen festen Platz im Leben einräumen würden. »Eine Gesellschaft, die sich um Eleganz weniger Sorgen macht, studiert nicht zwanghaft Lifestyle-Beilagen«, so Robert Pfaller.

»Das ist erst dann notwendig, wenn die Bedingungen von Eleganz gesellschaftlich verloren gegangen sind und die Individuen versuchen, sie individuell wiederherzustellen.«[10]

Um eine individuelle Rückgewinnung der Eleganz aber kommen wir nicht herum. Wobei es, wie gesagt, nicht um Luxus und Glamour geht, die per se nicht allen zugänglich sind, sondern um ein Gut, das sich im Grunde jede und jeder mit etwas Geschick aneignen kann. Dabei zählt die Frage: Wie verhalte ich mich, um von Drittpersonen in einer bestimmten Weise gesehen zu werden und auch meinen eigenen Ansprüchen zu genügen? Eleganz rechnet mit Blicken und Bühnen, sie ist angewiesen auf Interaktion. Im Café, auf der Straße, auf Partys, im Konzert. Sie hebt den Selbstwert – und den der anderen. Ihre Anziehung kann ansteckend sein.

Denn Eleganz hat etwas Befreiendes, Spielerisches, Stil- und Humorvolles. Weder ist sie auf das private Ich noch auf Normen fixiert.

Elegant ist es, starre Codes zu durchbrechen, Schwerem den Anschein von Leichtigkeit zu geben. Ganz ohne moralisch erhobenen Zeigefinger.

Eleganz meint ein ästhetisches Verhältnis zur Welt, und sie fängt beim Individuum an, dem sie einiges abverlangt. In einem Umfeld des »anything goes« gilt es, sich einen Rahmen zu geben und Formbewusstsein zu kultivieren. Ja, Eleganz ist Kultur, nämlich Pflege. Und zwar im Alltag, nicht auf roten Teppichen, wo Schickeria und Luxusroben das Klischee elitären Glamours bedienen. Zu teuer, zu oberflächlich, zu abgehoben. Zeitgenössische Eleganz muss näher ans Leben ran. Ich sehe in ihr ein Mittel zur Verfeinerung von Umgangsformen und zur Verbreitung von Schönheit. Schönheit, verstanden als Anmut, Chic und Smartness.

Und geht es nicht um Menschen, sondern beispielsweise um eine elegante Architektur, so zeigt sich, dass sie mit nachhaltigem Bauen durchaus vereinbar ist. Sogar praktische platzsparende Konzepte für Miniwohnungen entbehren keineswegs der Schönheit und Eleganz. Zusammenklappbare, verstaubare, multifunktionale Möbel, Schlichtheit, Wesentlichkeit: auch aus der Reduktion lässt sich Eleganz zaubern. Minimalismus als mögliche Formel der Zukunft.

Eleganz hat nicht ausgedient, aber sie braucht einen Erneuerungsschub. Das bestätigten mir kürzlich ein paar Freunde, deren Urteil ich sehr schätze. Dagmar Niefind schrieb mir: »Als Kostümbildnerin habe ich so viel erlebt mit Schauspielerinnen oder Sängerinnen. Auch wenn man das eleganteste Kleid entworfen hat: wenn sich jemand darin nicht bewegen kann, ist alle Arbeit umsonst. Leider wird es mit der jungen Generation immer deprimierender. Welche Frau kann noch so gehen wie Jeanne Moreau in ›La Notte‹ von Antonioni, in ihrem kleinen Schwarzen? Aber vielleicht lehnen es die jungen Frauen auch ab, es passt wohl nicht mehr in unsere Zeit?«

Niefinds Skepsis ist nicht ganz unberechtigt, doch wäre sie die Letzte, die sich gegen eine Wiedergewinnung der Eleganz sträuben würde: weil Eleganz »eine große Freude« ist und die Welt schöner macht.

Für die Fotokünstlerin Gabriele Rothemann besteht kein Zweifel an der Notwendigkeit von Eleganz: »Eleganz ist für mich: ein stilvolles, diskretes Verhalten; eine unaufdringliche Schönheit; eine anmutige, mit Bewusstsein ausgeführte Bewegung; eine natürliche, feine Ausstrahlung; eine schön gesprochene Sprache; eine Kleiderwahl, die in ihrer Einfachheit und Qualität den Körper ziert; ein gutes Benehmen bei Tisch; ein mit stimmigen Proportionen und Materialien gestaltetes Objekt (oder ein Raum, eine Architektur). All das ist für mich von Bedeutung und halte ich auch in der heutigen Zeit für wichtig.«

Péter Nádas bezeichnet die Eleganz als »innere und äußere Harmonie«, die Berliner Autorin Gisela von Wysocki lobt ihre feine

Noblesse und ihre Fähigkeit, »auf eine unspektakuläre Weise in der Welt ein kleines Außerhalb« zu schaffen. Eleganz besitze »eine verführerische Form der Souveränität, ohne herrschen zu wollen.« Und ja, sie sei unverzichtbar, weil die Sehnsucht nach ihr in uns allen lebe.

Als Vertreter der Millennial-Generation und von Beruf Finanzspezialist und Publizist sieht mein Sohn Simon Ingold den Status der Eleganz im Wandel. Hierarchien hätten sich aufgelöst, Eleganz entstehe dezentral beim einzelnen Individuum und könne durch mediale Multiplikatoreffekte plötzlich zum Standard werden. Das Problem für traditionell geschulte Augen sei, dass ihnen das Ergebnis nicht gefällt. Dennoch, so Simon Ingold, dürfe man in der Eleganz ein legitimes Ideal sehen. Nur bestimme über den Inhalt dieses Ideals nicht mehr die gefürchtete Chefredakteurin der »Vogue« Anna Wintour. »Die Erwartung, dass eine Gesellschaft ein und dasselbe Ideal anstreben soll, ist wahrscheinlich verfehlt.«

Einverstanden. Wir brauchen keine Modediktate und keine Breviere der Eleganz, doch Eleganz in einem umfassenden Sinne sehr wohl. Individuell ausgeprägt und als eine Erscheinungs- bzw. Verhaltensform, die Sensibilität, Schönheit, Anstand vereint. Darin herrscht großer Bedarf in einer Zeit, die dazu neigt, sogenannter Authentizität (die sich noch die unschicklichste Freiheit herausnimmt) jedes Formbewusstsein zu opfern. Kultur, die diesen Namen verdient und auf die keine Gesellschaft verzichten kann, kommt ohne Form nicht aus. Form in Gestalt von Spiel und Disziplin, von Würde und Eleganz. Also: Go for it!

1 Geneviève Antoine Dariaux: *Eleganz. Ein Brevier für die Dame*. Berlin – Frankfurt – Wien: Ullstein 1965.

2 Georg Franck: »Eleganz. Ein Abgesang.« In: *Merkur* Nr. 739, Dezember 2010, S. 1208–1211.

3 Vgl. dazu den Bildband von Tariq Zaidi: *Ladies and Gentlemen of the Congo*. Heidelberg: Kehrer 2020.

4 Tadao Andō: »Der Geist des Wabi-Sabi.« In: *Lettre International* 105, Sommer 2014, S. 27.

5 *Haiku. Japanische Dreizeiler*. Ausgewählt und aus dem Urtext übersetzt von Jan Ulenbrook. Stuttgart: Philipp Reclam jun. 1995, S. 173.

6 *Tanka. Japanische Fünfzeiler*. Ausgewählt und aus dem Urtext des Manyōshū, Kokinwakashū und Shinkokinwakashū übersetzt von Jan Ulenbrook. Stuttgart: Philipp Reclam jun. 1996, S. 13.

7 Vgl. dazu Hannes Böhringer: »Die Lässigkeit der Eleganz.« In: *Lettre International* 105, Sommer 2014, S. 12.

8 Eduard Mörike: *Sämtliche Gedichte*. Hrsg. von Herbert G. Göpfert. München: Piper 1987, S. 85.

9 Ferdinand von Schirach: *Kaffee und Zigaretten*. München: Luchterhand 2019, S. 37.

10 Katrin Kuste im Gespräch mit Robert Pfaller über Eleganz. In: *Das Magazin* Nr. 36, Zürich 2011.

Inhalt

Ilma Rakusa, 1946 in der Slowakei geboren, lebt seit 1951 in Zürich. Schriftstellerin, Literaturkritikerin, Übersetzerin (Tschechow, Zwetajewa, Duras, Kiš, Kertész, Nádas). Sie erhielt unter anderem den Petrarca-Übersetzerpreis, Adelbert-von-Chamisso-Preis, Schweizer Buchpreis, Manès-Sperber-Preis, Berliner Literaturpreis und Kleist-Preis.

Von ihren zahlreichen Werken erschienen bei Droschl die Poetikvorlesungen *Farbband und Randfigur* (1994), der Essay *Langsamer!* (2005), die autobiografischen »Erinnerungspassagen« *Mehr Meer* (2009), das Berlin-Journal *Aufgerissene Blicke* (2013), die Erzählungen *Einsamkeit mit rollendem ›r‹* (2014), der Gedichtband *Impressum: Langsames Licht* (2016) und *Mein Alphabet* (2019).

© Literaturverlag Droschl Graz – Wien 2021

Umschlag: & Co www.und-co.at
Satz: AD
Druck: Styria Print

ISBN 978-3-99059-088-1

Literaturverlag Droschl Stenggstraße 33 A-8043 Graz
www.droschl.com